MATEMÁTICAS EN LAS OLIMPIADAS

escrito por Erin Ash Sullivan

adaptado por Francisco J. Hernández

Tabla de contenido

Capítulo 1 La historia de los Juegos Olímpicos 2

Capítulo 2 Los Juegos Olímpicos de Verano 10

Capítulo 3 Los Juegos Olímpicos de Invierno 18

Capítulo 4 Celebridades olímpicas 24

Conclusión 28

Respuestas para ¡Resuélvelo! 30

Glosario 31

Índice 32

La historia de los Juegos Olímpicos

La historia de los Juegos Olímpicos empezó hace casi 2,800 años en la Antigua Grecia. En aquellos tiempos, cuatro ciudades celebraban festivales atléticos anuales para honrar a sus dioses. Los juegos más importantes honraban a Zeus. Estos juegos se celebraban cada cuatro años en un lugar llamado Olimpia.

Olimpia en realidad no era un pueblo o una ciudad; era un sitio construido especialmente para los festivales anuales. A medida que los juegos se volvieron más importantes, los griegos hicieron más y más construcciones en ese lugar. Había una arena deportiva, o **hipódromo**, con una pista de carreras, un gimnasio, una piscina y un estadio con espacio para 50,000 personas. ¡Incluso había un hotel!

¿?? ¡RESUÉLVELO!

1 Los Juegos Olímpicos de la antigüedad duraron del 776 aec al 393 EC. ¿Cuántos años fueron? PISTA: Haz una línea cronológica que te ayude a determinar la respuesta.

Varias de las competencias olímpicas antiguas nos parecerían familiares en la actualidad. Una prueba popular era el **pentatlón**. El prefijo *penta* significa "cinco" y el pentatlón incluía carrera, salto, lucha, lanzamiento de jabalina y lanzamiento de disco. Los atletas también competían en boxeo y carreras de caballos.

Otros deportes eran menos comunes. Por ejemplo, los atletas competían en el pancracio, un extraño tipo de lucha en el que estaba permitido morder y dar patadas.

Los Juegos Olímpicos fueron populares durante cientos de años. Pero en los años que siguieron a la invasión romana de Grecia en 150 EC, los juegos perdieron popularidad y cada vez eran menos organizados. El emperador Teodosio I finalmente puso fin a los juegos en el año 393.

¡ES UN HECHO!

Las mujeres no competían en los Juegos Olímpicos de la antigüedad. De hecho, si se sorprendía a una mujer observando las pruebas, ¡el castigo era la muerte!

Olimpia fue excavada por arqueólogos entre 1875 y 1891. Hoy en día puedes visitar las ruinas.

Más de mil años después, renació la tradición olímpica. A fines del siglo XIX, un francés llamado Pierre de Coubertin comenzó a fundar asociaciones deportivas para jóvenes. Pensaba que los jóvenes debían desarrollar la mente y el cuerpo.

Por la misma época, un grupo de arqueólogos alemanes realizaba excavaciones en Olimpia. Cuando Pierre de Coubertin leyó acerca de los Juegos Olímpicos de la antigüedad, tuvo una audaz idea: ¿Por qué no celebrar de nuevo

Esta ilustración muestra al pastor griego Spiridon Louis ganando el primer maratón, por lo cual se convirtió en héroe nacional.

¡ES UN HECHO!

Pierre de Coubertin vio este símbolo en un altar en Delfos, Grecia y decidió usarlo como el símbolo para los nuevos Juegos Olímpicos. Los aros representaban a los continentes que tomaron parte: Europa, Asia, las Américas, África y Australia.

los Juegos Olímpicos como un festival en el que tomaran parte muchas naciones? Creía que los nuevos Juegos Olímpicos podrían promover la paz mundial.

Para 1894, Pierre de Coubertin había reunido suficientes partidarios para formar un Comité Olímpico Internacional. Pronto, pusieron en marcha los planes para los primeros Juegos Olímpicos modernos que se llevarían a cabo en Atenas, Grecia, en abril de 1896.

El día de la inauguración, más de 60,000 espectadores se reunieron para aplaudir a 245 atletas de 14 países. Estos no eran atletas muy preparados. Muchos llegaron por casualidad, ¡incluidos dos turistas británicos que decidieron en el último momento anotarse para la carrera de ciclismo!

¡RESUÉLVELO!

2 Usa los datos de la tabla para crear una gráfica de barras y contestar estas preguntas:

a. ¿Cuántas medallas se ganaron en total?

b. ¿Cuál es el máximo? ¿El mínimo? ¿El rango?

c. ¿Cuál es el número promedio de medallas por país, incluyendo el equipo mixto?

PRIMEROS JUEGOS OLÍMPICOS: Tabla de medallas	
País	Medallas ganadas
Alemania	13
Australia	2
Austria	5
Dinamarca	6
Estados Unidos	20
Francia	11
Gran Bretaña	7
Grecia	45
Hungría	5
Suiza	3
Equipo mixto	1

Los primeros Juegos Olímpicos modernos fueron todo un éxito. Desde entonces, los Juegos se han realizado cada cuatro años, con tres excepciones, en ciudades alrededor del mundo.

Los atletas que competían en deportes de invierno querían participar también en los Juegos Olímpicos. Por eso en 1924, el Comité Olímpico Internacional organizó los primeros Juegos Olímpicos de Invierno. Se llevaron a cabo en Chamonix, Francia. Por muchos años, los Juegos de Invierno tuvieron lugar el mismo año que los Juegos de Verano. En 1994, los Juegos de Invierno empezaron su propio ciclo de cuatro años, con dos años de diferencia de los Juegos de Verano.

Atletas de 16 países compitieron en los primeros Juegos Olímpicos de Invierno. El estadounidense Charles Jewtraw ganó la primera medalla de oro en patinaje de velocidad en la prueba de 500 metros.

Las medallistas de patinaje artístico Michelle Kwan (plata), Tara Lipinski (oro) y Lu Chen (bronce) posan con sus medallas en los Juegos de Invierno de 1998.

Las tradiciones que comenzaron durante los primeros años de los Juegos continúan en la actualidad. Los ganadores del primero, segundo y tercer lugar en cada prueba ganan medallas de oro, plata y bronce respectivamente. Se paran sobre plataformas elevadas para recibir sus medallas y escuchar el **himno nacional** del país del ganador de la medalla de oro.

Otra tradición popular es encender la antorcha olímpica. Una serie de corredores se turna para llevar una antorcha encendida todo el camino desde el antiguo sitio en Olimpia hasta el estadio olímpico en turno. La llama arde durante el transcurso de los Juegos.

¡REVÍSALO!

Piénsalo

En el pasado, algunos países han decidido boicotear, o rehusarse a participar en, los Juegos Olímpicos como una manera de protestar contra las acciones del país anfitrión. En 1980, los Estados Unidos boicotearon los Juegos de Verano en Moscú para protestar contra la invasión de Afganistán por parte de la Unión Soviética. En respuesta, la Unión Soviética boicoteó los Juegos de 1984 en Los Ángeles. ¿Cómo crees que esto afectó a los Juegos?

La antorcha olímpica es transportada alrededor de la pista en el estadio olímpico de Atlanta durante la ceremonia de inauguración de los Juegos de Verano de 1996.

❓ ¡RESUÉLVELO!

3 Los Juegos Olímpicos de Verano se han llevado a cabo cada cuatro años desde 1896, excepto durante tiempos de guerra en 1916, 1940 y 1944. ¿Cuántos Juegos Olímpicos de Verano se han realizado en la era moderna?

Para que un deporte forme parte de los Juegos de Verano o Invierno, debe ser popular alrededor del mundo. Un deporte de hombres debe practicarse por lo menos en 75 países en cuatro continentes. Un deporte de mujeres debe practicarse por lo menos en 40 países en tres continentes.

Los deportes incorporados a los juegos olímpicos más recientemente son el taekwondo y el *snowboarding*.

Los Juegos de Verano e Invierno también incluyen los Paralímpicos, una serie de pruebas para atletas con discapacidades físicas y mentales. Algunos de los atletas que participan en los Paralímpicos usan equipo especial cuando compiten.

Franz Nietlispach de Suiza ganó la medalla de oro en el maratón en silla de ruedas en el 2000 con un tiempo récord de 1 hora, 24 minutos. En esta foto, aparece ganando el Maratón de Boston de 1999.

Shea Cowart (izquierda) de los EE. UU. ganó la medalla de oro en la carrera de 100 metros en el 2000. Participaron más de 4,000 competidores de 121 países.

Deportes en el programa de los Juegos Olímpicos de Verano e Invierno más recientes:

JUEGOS DE VERANO:	JUEGOS DE INVIERNO:
Beijing 2008	Vancouver 2010
Arquería	Biathlon
Atletismo	Bobsled
Bádminton	Curling
Balonmano	Esquí
Básquetbol	Hockey sobre hielo
Béisbol	Luge
Boxeo	Patinaje
Canotaje/Kayak	*Snowboard*
Ciclismo	
Deportes acuáticos	
Deportes ecuestres	
Fencing	
Fútbol (*soccer*)	
Gimnasia	
Halterofilia	
Hockey	
Judo	
Lucha	
Pentatlón moderno	
Remo	
Softbol	
Taekwondo	
Tenis	
Tenis de mesa	
Tiro	
Triatlón	
Vela	

¿?¿?

¡RESUÉLVELO!

4 Existen más pruebas deportivas en los Juegos de Verano que en los Juegos de Invierno. De acuerdo con la tabla, ¿cuántas veces más?

Los Juegos Olímpicos de Verano

Pista y campo

Las pruebas de pista y campo se encuentran entre las más populares de los Juegos de Verano. Las pruebas de pista incluyen carreras cortas, llamadas **de velocidad**, de medio fondo y de fondo.

Los velocistas necesitan explosiones de energía desde el inicio de la carrera para tomar la delantera. Los corredores de fondo trabajan para desarrollar **resistencia**, es decir la habilidad de mantener una velocidad constante por un largo período de tiempo.

¿?¿?

¡RESUÉLVELO!

5 Esta tabla muestra cómo se ha roto la marca de los 100 metros para hombres a lo largo de los años. Haz una gráfica lineal para representar estos datos. ¿Durante cuál período de cuatro años se presentó la mayor reducción en tiempo?

Medallistas de oro en la carrera de 100 metros hombres		
Año	**Atleta (País)**	**Tiempo (segundos)**
1964	Robert Hayes (EE. UU.)	10.06
1968	James Hayes (EE. UU.)	9.95
1972	Valeriy Borzov (Unión Soviética)	10.14
1976	Haseley Crawford (Trinidad)	10.06
1980	Allen Well (Gran Bretaña)	10.25
1984	Carl Lewis (EE. UU.)	9.99
1988	Carl Lewis (EE. UU.)	9.92
1992	Linford Christie (Gran Bretaña)	9.96
1996	Donovan Bailey (Canadá)	9.84
2000	Maurice Greene (EE. UU.)	9.87
2004	Justin Gatlin	9.85
2008	Usain Bolt	9.69

Las pruebas de campo incluyen las competencias de lanzamiento y salto. Los atletas lanzan la jabalina, la bala, el martillo y el disco. Las pruebas de salto incluyen salto de longitud, salto de altura, salto triple y salto con pértiga.

Dos pruebas olímpicas combinan pruebas de pista y campo. Los hombres compiten en el **decatlón**, que combina 10 pruebas de pista y campo. Las mujeres compiten en el **heptatlón**, que combina siete pruebas. Los atletas ganan puntos de acuerdo a sus logros en cada prueba y gana el atleta con el mayor número de puntos.

¡RESUÉLVELO!

6 La jabalina en la competencia de hombres mide 2.7 metros de largo; la jabalina de mujeres mide 2.3 metros de largo. ¿Cuántos decímetros, centímetros y milímetros tiene de largo cada jabalina?

martillo

bala

disco

El maratón

Con 26 millas y 385 yardas (43.7 kilómetros), el maratón es la carrera más larga de los Juegos Olímpicos. Es sorprendente pensar que los maratonistas campeones cubren esta distancia en aproximadamente dos horas.

El maratón recibe su nombre de un famoso acontecimiento de la historia griega. Hace 2,500 años más o menos, los griegos ganaron una batalla contra los persas. Un mensajero corrió desde Maratón hasta Atenas, una distancia de cerca de 26 millas, para anunciar la buena noticia.

Los corredores del maratón enfrentan un interesante reto: ¡el trayecto de cada maratón diferente! Los corredores tienen que estar preparados para pendientes pronunciadas, calor sofocante y **altitudes** elevadas.

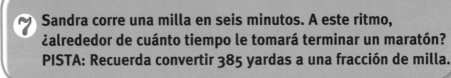

¡RESUÉLVELO!

7 Sandra corre una milla en seis minutos. A este ritmo, ¿alrededor de cuánto tiempo le tomará terminar un maratón? PISTA: Recuerda convertir 385 yardas a una fracción de milla.

tación

En los primeros Juegos
ímpicos de la era moderna,
varon en bote a los atletas de la
mpetencia de natación a 1,200
tros de la costa dentro del
r Mediterráneo y les dijeron
e nadaran hasta la orilla. Los
dadores tuvieron que luchar contra las olas y las heladas temperaturas.

Los nadadores olímpicos actuales están más cómodos. Compiten en piscinas de 50 metros con agua templada. Existen 16 pruebas tanto para hombres como para mujeres. Las pruebas van de los 50 metros hasta los 1,500 metros. Los nadadores usan varios estilos, que incluyen libre, dorso, pecho y mariposa.

??

¡RESUÉLVELO!

8 Puedes hallar la velocidad de un atleta al dividir la distancia recorrida entre el tiempo que tarda (velocidad = distancia ÷ tiempo). Usa una calculadora para averiguar qué tan rápidas fueron estas nadadoras olímpicas.

Final de los 100 metros libres para mujeres, Beijing 2008

Nombre	País	Tiempo (en segundos)
Britta Steffen	Alemania	53.12
Lisbeth Trickett	Australia	53.16
Natalie Coughlin	Estados Unidos	53.39
Hanna-Maria Seppala	Finlandia	53.97
Jeanette Ottesen	Dinamarca	54.06
Zhu Yingwen	China	54.21
Marleen Veldhuis	Países Bajos	54.21
Francesca Halsall	Gran Bretaña	54.29

El estilo mariposa se desarrolló en la década de 1940 como una variante del estilo de pecho.

Gimnasia

Los gimnastas olímpicos son algunos de los atletas más increíbles. Deben tener velocidad, fuerza, equilibrio y flexibilidad.

Existen tres categorías en las que compiten los gimnastas: artística, rítmica y trampolín. Los gimnastas compiten en pruebas por equipo para representar a su país, así como de manera individual.

La mayoría de las pruebas en la categoría artística se realizan en un **aparato**, o unidad de equipo. Los aparatos incluyen barra fija, barras paralelas, barras asimétricas, caballo con arzones, viga de equilibrio, caballo para saltos y argollas.

barras asimétricas

argollas

barras paralelas

viga de equilibrio

La gimnasia rítmica es una prueba sólo para mujeres. Las gimnastas realizan una rutina de piso con música utilizando aros, bastones, pelotas y listones. ¡Imagina la concentración que se necesita para hacer espirales con un listón, hacer girar un aro y recordar una rutina de baile al mismo tiempo!

La prueba de trampolín es bastante nueva en los Juegos Olímpicos. Apareció por primera vez en los Juegos del 2000 en Sydney, Australia. En el trampolín, los gimnastas realizan rutinas que incluyen saltos, vueltas y saltos mortales. Estos atletas se esfuerzan para hacer sus movimientos precisos y armoniosos, y para estar seguros de que aterrizarán de pie.

¡RESUÉLVELO!

9 Los gimnastas rítmicos actúan en un espacio cuadrado que mide 13 metros por lado. ¿Cuál es el área del espacio de presentación?

Deportes de equipo

Los deportes de equipo siempre han sido una parte importante de los Juegos Olímpicos. Los países compiten en básquetbol, volibol, fútbol, béisbol, softbol y hockey sobre pasto.

El fútbol, que en los Estados Unidos se conoce como *soccer*, es uno de los deportes de equipo más populares en el mundo. El fútbol olímpico dio un paso emocionante en 1996, cuando el fútbol femenino se incluyó en los Juegos de Verano. Los aficionados enloquecieron cuando el equipo femenino estadounidense ganó la medalla de oro.

La delantera Mia Hamm jugó en los equipos de fútbol olímpico femenino estadounidenses de 1996 2000 y 2004.

¡RESUÉLVELO!

10 Las reglas olímpicas establecen que en un equipo de fútbol varonil todos los jugadores, con excepción de tres, deben tener menos de 23 años de edad. Supongamos que sabemos estos datos sobre un equipo:

- Hay 11 hombres en el equipo.
- Los tres jugadores de más edad tienen 25, 27 y 30 años.
- Ninguno tiene menos de 17 años.
- Sólo dos jugadores tienen 19 años.
- La edad combinada de todos los jugadores es 240 años.

¿Cuáles son las posibles edades de todos los jugadores?

El volibol se convirtió en deporte olímpico en 1964. Seis jugadores en cada equipo golpean el balón de un lado al otro de una red y trabajan juntos para evitar que el balón toque el suelo. El primer equipo que obtenga 25 puntos gana el set y el mejor de cinco sets gana el partido.

En 1996, el Comité Olímpico Internacional incluyó el volibol de playa en los Juegos de Verano. Mientras que los jugadores de volibol tradicional juegan bajo techo en una cancha, los jugadores de volibol de playa juegan al aire libre sobre arena. Mucha gente piensa que el calor, la arena y el sol hacen que el volibol de playa sea mucho más difícil.

Brasil ganó la primera medalla de oro de la historia en el volibol de playa femenino en los Juegos de Verano de 1996 en Atlanta.

Los Juegos Olímpicos de Invierno ???

Esquí

Los deportes que se presentan en los Juegos de Invierno han cambiado muy poco desde 1924. El esquí olímpico ha resaltado desde el principio.

En el esquí alpino, los atletas compiten en las pruebas de descenso y **eslalon**. El objetivo de las competencias de descenso es simplemente llegar a la parte inferior tan rápido como sea posible. Los esquiadores han

¡RESUÉLVELO!

11 En una típica prueba de eslalo femenino, una pista tiene cerc de 400 metros de largo con 45 puertas espaciadas de manera uniforme. ¿Qué espacio más o menos debe haber entre las puertas? Usa una calculadora y redondea tu resultado a la décima más cercana.

registrado velocidades de hasta 90 millas (150 kilómetros) por hora. En el eslalon, los esquiadores descienden pasand entre pares de postes llamados puertas.

El esquí de estilo libre también forma parte de la competencia alpina. Los esquiadores realizan **acrobacia** o saltos, y descienden por pistas que incluyen **moguls**, o montículos. En 1998, el *snowboarding* se convirtió en el evento olímpico alpino más nuevo.

Espectaculares acrobacias son parte de la competencia alpina.

El esquí nórdico, también llamado esquí de fondo, es diferente del esquí alpino. Los esquiadores corren a través de un **terreno** relativamente plano, en lugar de ir cuesta abajo. Los atletas compiten en carreras cortas de 1.5 kilómetros, así como en carreras más largas, incluyendo una carrera de 30 kilómetros para mujeres y una de 50 kilómetros para hombres.

Los esquiadores necesitan un equipo distinto dependiendo de las pruebas en las que compiten. Los esquís de fondo por lo general son más largos y más angostos que los esquís de descenso. Los bastones de fondo son muy largos y rectos con canastillas en la punta que ayudan al esquiador a empujarse. Los bastones para los esquiadores de descenso son cortos y curvados.

Los esquís de fondo existen desde hace mucho tiempo. ¡Los vikingos los usaban para desplazarse hace más de mil años!

¡ES UN HECHO!

Algunos esquiadores del estilo nórdico se impulsan con los esquís para aumentar su velocidad. Este movimiento es parecido al que usan los patinadores de hielo con el mismo propósito.

Patinaje artístico

Mucha gente piensa que el patinaje artístico es la combinación perfecta de arte y deporte. Los patinadores artísticos entrenan mucho para completar giros y saltos difíciles, pero los patinadores más exitosos hacen que sus rutinas parezcan fáciles.

Las mujeres y los hombres pueden competir en pruebas individuales y en parejas.

Yu-Na Kim ganó la medalla de oro en el patinaje artístico de mujeres en los Juegos del 2010 en Vancouver, Columbia Británica.

Sonia Henie fue la primera celebridad del patinaje sobre hielo. Ganó medallas de oro en 1928, 1932 y 1936.

Cada competencia tiene dos partes: un programa corto y un programa libre. En el programa corto, los patinadores realizan una serie de movimientos obligatorios. El programa libre es la oportunidad del patinador de diseñar una presentación y mostrar su personalidad.

La competencia de danza sobre hielo es un poco diferente al patinaje en parejas. No están permitidos los saltos ni las elevaciones y los competidores deben mantenerse en contacto todo el tiempo.

El patinaje de velocidad

El patinaje de velocidad es uno de los deportes olímpicos más emocionantes. Durante la prueba, los patinadores de velocidad pasan volando alrededor de una pista de hielo. Aunque en realidad corren a contrarreloj, patinan en pares. El patinador del carril externo usa una cinta roja en el brazo y el patinador en el carril interno usa una cinta blanca en el brazo.

Los patinadores de velocidad usan equipo especial para aumentar su velocidad. Sus patines tienen cuchillas muy largas, que los hacen más veloces. Los patinadores usan trajes de competencia pegados al cuerpo, los cuales disminuyen la resistencia al viento. Cascos, rodilleras y gafas completan su equipo.

¿??

¡RESUÉLVELO!

12 Una pista de patinaje de velocidad mide 400 metros de largo. ¿Cuántas vueltas, o fracciones de vuelta, debe completar un patinador en cada una de las carreras siguientes?

500 metros

1,000 metros

1,500 metros

La patinadora de velocidad Bonnie Blair ganó cinco medallas de oro cuando compitió en los Juegos de Invierno de 1988, 1992 y 1994.

Bobsled y luge

Si alguna vez te has deslizado en un trineo en el invierno, puedes tener una idea de cómo se siente competir en las pruebas olímpicas de bobsled y luge.

Las pruebas olímpicas de bobsled son para equipos de dos o cuatro personas. En la parte superior del recorrido, los miembros del equipo empiezan corriendo, empujan el trineo y saltan dentro. Gana el equipo con el menor tiempo total después de una serie de recorridos.

Los atletas de luge descienden por la pista en ligeros trineos más pequeños que ellos. Usan zapatos especiales para hacer que sus pies se mantengan rectos, trajes de competencia ajustados para disminuir la resistencia al aire, guantes con picos en las puntas que les ayudan en la salida y cascos.

luge

bobsled

¡RESUÉLVELO!

13 Para la prueba de bobsled de cuatro, el límite de peso combinado para el trineo y la tripulación es de 630 kilogramos (kg). Esto es lo que sabemos sobre el equipo de Finlandia:
- El trineo pesa 210 kg.
- Sven pesa 100 kg.
- Benny pesa 7 kg más que Sven.
- Bjorn pesa $\frac{1}{2}$ del peso del trineo.
- Mikko es el cuarto miembro del equipo.

¿Cuánto pesa cada uno de los atletas?

El equipo estadounidense de hockey ganó la medalla de oro en los Juegos Olímpicos de 1980 en Lake Placid, Nueva York, al derrotar a Suecia.

Hockey sobre hielo

El hockey sobre hielo es uno de los favoritos en los Juegos de Invierno. Seis jugadores por equipo trabajan juntos para meter el puck, un disco de 7.5 centímetros de diámetro, en la portería del equipo contrario. Hay tres períodos de 20 minutos, con un intermedio de 15 minutos después del segundo período en cada juego.

Los jugadores de hockey deben tener coordinación y fuerza para hacer bien su trabajo. Por lo general, los jugadores usan varios kilos de equipo protector mientras se deslizan velozmente por el hielo, pasando el puck a sus compañeros de equipo. El puck mismo adquiere mucha velocidad. Puede volar sobre el hielo a más de 150 kilómetros por hora.

Celebridades olímpicas

Wilma Rudolph

Wilma Rudolph fue una de las grandes corredoras estadounidenses. Ganó tres medallas de oro en los Juegos de 1960 en Roma, en las pruebas de 100 metros, 200 metros y relevos de 4x100 metros.

Rudolph fue una de 22 hijos en una familia pobre. Cuando tenía cuatro años, una enfermedad grave la dejó con la pierna izquierda paralizada. Con la ayuda de su familia, poco a poco aprendió a caminar otra vez. A los 13 años jugaba básquetbol en la secundaria. Sus logros la llevaron a la Universidad Estatal de Tennessee, donde empezó a correr en la pista.

Más adelante, Rudolph entrenó niños, inspirando a otros a trabajar con empeño y a superar los obstáculos.

Nadia Comaneci

La gimnasta rumana Nadia Comaneci logró la atención mundial en los Juegos de Verano de 1976 en Montreal. Se convirtió en la primera gimnasta en recibir una calificación perfecta de 10. Después del primer 10 en las barras paralelas asimétricas, obtuvo otras seis calificaciones perfectas en pruebas individuales y de equipo. Comaneci llevó a casa tres medallas de oro, una de plata y una de bronce. Este fue un suceso extraordinario. La gente estaba maravillada de ver cómo la diminuta gimnasta de 14 años, sin esfuerzo alguno, saltaba, giraba y aterrizaba con una sonrisa.

Comaneci, quien comenzó su entrenamiento en gimnasia a los seis años, siguió adelante y ganó cuatro medallas más en los Juegos Olímpicos de 1980. Un tiempo después, se mudó a los Estados Unidos, donde hoy entrena a gimnastas.

25

Jesse Owens

Al igual que Wilma Rudolph, Jesse Owens alcanzó la grandeza a pesar de sus inicios difíciles. Era nieto de esclavos e hijo de un **aparcero**. Como Rudolph, Owens fue la persona más rápida de su época. En los Juegos Olímpicos de 1936, Owens hizo historia en pista y campo cuando rompió cinco récords mundiales. Owens ganó medallas de oro en las pruebas de 100 metros planos, 200 metros planos, salto de longitud y relevos 4x100.

Su récord en el salto de longitud se mantuvo por 25 años.

Las victorias de Owens fueron en especial importantes porque los Juegos Olímpicos se realizaban en Berlín, Alemania. El **dictador** alemán Adolfo Hitler y los nazis discriminaban a las personas que según ellos eran inferiores. Entre estas personas se encontraban los judíos, la gente de color y otras minorías. Los sorprendentes logros de Owens demostraron que estaban equivocados.

Katarina Witt

Katarina Witt es una heroína de los Juegos de Invierno. Patinando para la antigua Alemania del Este, ganó medallas de oro en patinaje artístico en los Juegos de 1984 en Sarajevo, Yugoslavia y en los Juegos de 1988 en Calgary, Alberta, Canadá. Fue la primera mujer en ganar dos medallas de oro consecutivas desde que Sonia Henie lo hiciera en la década de 1930.

Witt empezó a patinar cuando tenía cinco años y comenzó a entrenar de manera seria para los Juegos Olímpicos cuando tenía nueve. Desde muy temprana edad, pasaba cuatro horas al día en el hielo. Witt fue cuatro veces campeona mundial de patinaje artístico y seis veces campeona europea en la misma disciplina. Diez años después de su primera victoria olímpica, Witt regresó a los Juegos. Se colocó en el séptimo lugar en los Juegos de Invierno de 1994 en Lillehammer, Noruega.

Conclusión

El sueño de Pierre de Coubertin de un festival atlético mundial desde luego se ha hecho realidad. Los Juegos Olímpicos han superado aquellas primeras semanas llenas de emoción en 1896. En los Juegos Olímpicos de Verano del 2008 en Beijing, China, 11,028 atletas de 204 países se reunieron para participar en 302 pruebas.

Los siguientes juegos, en Londres, Gran Bretaña en 2012, Soehi, Rusia, en 2014, y en Río de Janeiro, Brasil en 2016, sin duda incluirán a más atletas que nunca. Estas ciudades están haciendo planes con años de anticipación para recibir a

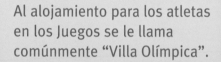

Al alojamiento para los atletas en los Juegos se le llama comúnmente "Villa Olímpica".

1968: Grenoble, Francia

2000: Sydney, Australia

los juegos olímpicos de invierno en Vancouver, 2010

miles de atletas y seguidores
asistirán a los Juegos. Están
struyendo estadios, piscinas,
tas de esquí y alojamiento
a los atletas y demás personas
participan en los Juegos.
Los Juegos Olímpicos
tinúan creciendo y
biando. Más países
ticipan cada vez que se
bran los Juegos. Se incluyen
vos deportes. Uno de los
bios más emocionantes ha
o la inclusión de pruebas
a mujeres en varios de los
ortes olímpicos que existen.
Los ideales de deporte
az mundial que dieron
ar a los primeros Juegos

¡REVÍSALO!

Piénsalo
El lema de los Juegos Olímpicos es *Citius, Altius, Fortius*, que en latín significa "Más rápido, más alto, más fuerte". ¿Crees que este lema captura el espíritu de los Juegos Olímpicos?

Olímpicos continúan hoy
en día. Los atletas entrenan
durante años para tener unos
minutos, o aún unos segundos,
de perfección. Los países se
reúnen para celebrar lo mejor
de la naturaleza humana y para
avanzar hacia la paz mundial.

RESPUESTAS PARA ¡RESUÉLVELO!

1 página 2:
1,169 años

2 página 5:
a. 118 medallas en total
b. máximo = 45, mínimo = 1,
rango = 44 c. medallas
promedio = 11 medallas

3 página 7:
26 en total (1896, 1900, 1904,
1908, 1912, 1920, 1924, 1928,
1932, 1936, 1948, 1952, 1956,
1960, 1964, 1968, 1972, 1976,
1980, 1984, 1988, 1992, 1996,
2000, 2004, 2008)

4 página 9:
3.4 veces más pruebas de
verano que pruebas de invierno

5 página 10:
el mayor cambio fue entre 1980
y 1984

6 página 11:
2.7 metros = 27 decímetros,
270 centímetros, 2,700
milímetros; 2.3 metros = 23
decímetros, 230 centímetros,
2,300 milímetros

7 página 12:
162 minutos, ó 2 horas y 42
minutos

8 página 13:

Nombre	Velocidad
Britta Steffen	1.88 m/s
Lisbeth Trickett	1.88 m/s
Natalie Coughlin	1.87 m/s
H. Seppala	1.85 m/s
Jeanette Ottesen	1.85 m/s
Zhu Yingwen	1.84 m/s
Marleen Veldhuis	1.84 m/s
Francesca Halsall	1.84 m/s

9 página 15:
169 metros cuadrados

10 página 16:
Las respuestas variarán.
Posible respuesta: 19, 19, 25,
27, 30, 20, 20, 20, 20, 20, 20

11 página 18:
8.9 metros de separación

12 página 21:
1 $\frac{1}{4}$ vueltas; 2 $\frac{1}{2}$ vueltas;
3 $\frac{3}{4}$ vueltas

13 página 22:
Sven = 100 kilogramos
Benny = 107 kilogramos
Bjorn = 105 kilogramos
Mikko = 108 kilogramos

Glosario

acrobacia	salto (pág. 18)
altitud	altura del terreno sobre el nivel del mar (pág. 12)
aparato	unidad de equipo (pág. 14)
aparcero	granjero que usa una parte de sus cosechas para pagar la renta de la tierra (pág. 26)
de velocidad	carrera corta y rápida (pág. 10)
decatlón	prueba en la que los atletas compiten en 10 deportes (pág. 11)
dictador	gobernante con poder absoluto (pág. 26)
eslalon	prueba de descenso en la cual el esquiador pasa por una serie de puertas (pág. 18)
heptatlón	prueba en la que los atletas compiten en siete deportes (pág. 11)
himno nacional	canción que un país elige para que lo represente (pág. 7)
hipódromo	arena deportiva (pág. 2)
mogul	pequeño montículo (pág. 18)
pentatlón	prueba en la que los atletas compiten en cinco deportes (pág. 3)
resistencia	la habilidad de mantener una velocidad constante por un largo período de tiempo (pág. 10)
terreno	superficie (pág. 19)

Índice

acrobacias, 18

altitud, 12

aparato, 14

aparcero, 26

bobsled, 22

boicotear, 7

Comaneci, Nadia, 25

de Coubertin, Pierre, 4–5

de velocidad, 10

decatlón, 11

dictador, 26

eslalon, 18

esquí, 18–19

fútbol, 16

gimnasia, 14–15

heptatlón, 11

himno nacional, 7

hipódromo, 2

hockey sobre hielo, 23

Juegos Olímpicos de
Invierno, 6, 18–23

Juegos Olímpicos de la
antigüedad, 2–3

Juegos Olímpicos de Verano,
10–17

luge, 22

maratón, 12

moguls, 18

natación, 13

Owens, Jesse, 26

Paralímpicos, 8

patinaje, 20–21

pentatlón, 3

pista y campo, 10–11

resistencia, 10

Rudolph, Wilma, 24

terreno, 19

voleibol, 17

Witt, Katarina, 27